Scénario
Christophe Cazenove
Arnaud Plumeri

Dessins
Mauricet

Couleurs
Benoît Bekaert

Merci à toute la bande et plus particulièrement à Plum, Caz et Ben...

   Magic Momo

À Julien « Moudessus » Carlier, en souvenir de nos matchs au Moulin Blanc...

   Arnaud

High Five à Mo', Caz', Plum', Anne-Sofy, Olive et chief Sulpice.
Big Up à Maëla pour son aide.
Bises aux multimarioles.

   Ben

www.bamboo.fr

Copyright © **2005 BAMBOO ÉDITION**
116, rue des Jonchères - BP 3
71012 CHARNAY-LÈS-MÂCON cedex
Tél. 03 85 34 99 09 - Fax 03 85 34 47 55
Site Web : www.bamboo.fr
E-mail : bamboo@bamboo.fr

Tous droits de traduction, d'adaptation et de reproduction
strictement réservés pour tous pays.

PREMIÈRE ÉDITION
Dépôt légal : juin 2005
ISBN 2-91530-965-5

Imprimé en France en mai 2005
Printed in France by PPO Graphic, 93500 Pantin

DANS 10 MINUTES, LA DEUXIÈME MI-TEMPS DE CE MATCH. MAIS TOUT DE SUITE, PLACE AU GRAND CONCOURS DE DUNKS !

C'EST À NOUS, LES GARS !

ALLEZ MARKUS, FAIS-NOUS TON MAGIC SLAM !

GÉNIAL !

OUAIS !

BONG

SLAM

DUNK

COOL !

WOW !

BONG

À TOI, RUDY !

3

BONG

LÀ, J'SUIS IMPRESSIONNÉ ! C'EST LA PREMIÈRE FOIS QUE JE VOIS UN BALLON FAIRE UN SMASH !

BALÈZE !

HAHAHA

"RACONTEZ VOTRE PASSION" PFF !... QUELLE MISÈRE, CES RÉDACTIONS !

"Ma passion, c'est le basket, parce que c'est cool"...

PFF ! C'EST NUL !

CROTCH CRITCH

LA GROSSE MISÈRE.

POK

ET HOP !

SCRATCH

POK

HOP !

HOP !

POK

POK

BIC

TOI, IL FAUDRA QUE TU M'EXPLIQUES POURQUOI TU ME COÛTES UNE FORTUNE EN CAHIERS !!

J'Y PEUX RIEN, M'MAN... AVEC TOUTES CES RÉDACS' QU'ON A À FAIRE...

LA MISÈRE.

PRÊTES À VOUS FAIRE LAMINER, LES CHOCHOTTES ?

ARF ARF

GULPS

Z'AVEZ VU LE MOLOSSE !? C'EST LE VIDEUR DU MACUMBA ! ON EST MORTS !!

EST-CE QUE JE FLIPPE, MOI ? NON ! ET POURQUOI ? PARCE QUE J'AI DU MATOS DE PRO ! DIRECT IMPORT FROM THE STATES ! DES BASKETS DE KILLER !

LES NAÏK AIR SMASH PUMP® !

PLUS HIGH TECH, Y'A PAS.

MOUAIS... MON GRAND-PÈRE AVAIT LES MÊMES...

BLASPHÈME PAS, FREDDIE !

J'APPUIE ICI, LA SEMELLE SE GONFLE D'AIR...

ET JE SAUTE COMME UN KOBE BRYANT ÉLEVÉ AUX SAUTERELLES !

PUMP PUMP PUMP

TU VAS VOIR CE QUE JE VAIS LUI METTRE DANS SA FACE, À TON MOLOSSE DU MACUMBA !

PUMP PUMP PUMP

PFT PFT ?

PFT

PFT

POPS

19

SBLAF

ÇA ! TU LUI AS BIEN MIS DANS SA FACE ...

GROUMF

23

DUNK

ÇA, RUDY, C'EST UN *DUNK* À LA KOBE BRYANT.

COOL.

SLAM

LÀ, C'EST UN *SLAM* À LA LEBRON JAMES.

BONG

BALÈZE.

SUPERDUNK

BONG

LE *SUPERDUNK* À LA SHAQ.

ÇA TUE.

BONG

ET LÀ, C'EST QUOI ?

SBUNK

BEN NON, *SBUNK*, C'EST PAS DANS LA LISTE...

WAW ! TROP FORT ! TU AS CRÉÉ TA PROPRE FIGURE, WILFRIED !

TOTAL RESPECT.

SLAM

DUNK

SLAM

CLAP
CLAP
CLAP

T'AS LA CLASSE, FREDDIE ! MAIS COMMENT TU FAIS POUR DUNKER COMME ÇA ?!

MON SECRET ? BEAUCOUP DE MUSCU ! D'ABORD, IL FAUT DES FESSIERS EN ACIER...

POT POT

ET SURTOUT, LES TABLETTES DE CHOCOLAT !

PAT PAT

AH OUAIS ?

C'EST POUR ÇA QUE WILFRIED NE SAIT PAS SMASHER. IL A PAS LES TABLETTES !

NIARK NIARK

PAUVRE NASE !

TCHEU ! AVEC TES GROSSES FESSES ET TES TABLETTES DE CHOCOLAT, TU DOIS FAIRE DES SUPER-DUNKS, M'MAN !

KAH?

JE L'CROIS PAS ! DIRE QU'ON VIENT CHERCHER KENNY BRYANT.

TON CORRESPONDANT AMÉRICAIN, IL EST DE LA FAMILLE DE KOBE BRYANT. C'EST OBLIGÉ.

LE FRÈRE D'UNE STAR DE LA NBA CHEZ MOI !

DINGUE !

EN RENTRANT, ON SE FAIT DIRECT UNE PARTIE DE STREETBALL AVEC KENNY. ON VA COLLER UNE MÉGA-RACLÉE AUX AUTRES ZOMBIES !

JE LUI AI APPORTÉ DES COOKIES POUR QU'IL PRENNE DES FORCES

OUÉLCOM KENNY BRYANT

WE ♥ TON FRÈRE

JE LE VOIS ! IL EST IMMENSE !

KENNY ! C'EST MOI, MARKUS ! T'ES ENCORE PLUS BALÈZE QU'ON L'IMAGINAIT !

MY NOM IS RUDY.

J'EN REVIENS PAS COMME TU RESSEMBLES À KOBE. TU DOIS ÊTRE UN DIEU DES PARQUETS !

I AM SON BEST COPAIN.

ON VA FAIRE UNE SUPER ÉQU...

MARKUS ?! IT'S ME, KENNY !

25

NICE TO MEET YOU, GUYS ! ON MANGE BIENTÔT ? 10 HEURES DE VOL ET 3 PARTIES D'ÉCHECS, ÇA M'A DONNÉ SUPER-FAIM !

SABENA

KLM

CHESS FANS

EST-CE QUE JE POURRAIS AVOIR DES COOKIES, PLEASE ?

T'EN AURAS QUAND TU SERAS NOIR ET QUE TU MESURERAS 2 MÈTRES !

GRAT GRAT GRAT

COMMENT ÇA, IL N'EST PAS ASSEZ CLAIR, MON SCHÉMA TACTIQUE ?!...

BEN... HEU, COACH ...

CAZ' PLUM' MO' 2K4

36

18

MAGIC MARKUS VIENT D'INTER-CEPTER LE BALLON. QUEL EXPLOIT NOUS RÉSERVE-T-IL ?

SA VITESSE DE DRIBBLE EST IM-PRESSIONNANTE. IL VIENT D'EN-RHUMER DEUX ADVERSAIRES !

WOSH

WOSH

WOSH

CAVALIER TENTE DE LUI ARRACHER LE BALLON DES MAINS, MAIS SANS SUCCÈS...

IL ENTRE DANS LA RAQUETTE. POURRA-T-IL ÉCHAPPER À LA DÉFENSE AGRESSIVE DU PIVOT BRENDON TOWER ?

INCROYABLE !

IL VA DUNKER !

26

MAIS QUE LUI ARRIVE-T-IL ? IL EST PROJETÉ COMME UN VULGAIRE PION ! MARKUS ? MARKUS ?...

MARKUS ? YOUR TIME IS UP ! C'EST À MON TOUR DE JOUER.

DÉSOLÉ, J'AI FAIT TOUT MON POSSIBLE POUR M'INTÉRESSER À TON JEU DE MISÈRE... MAIS LES ÉCHECS, C'EST AU-DESSUS DE MES FORCES.

TIK

MARKUS VA ÊTRE DÉGOÛTÉ QUAND IL VA VOIR MON SURVET' NAÏK !

HO !?

YES!

DANGER ROOM

YES !

YES !

YES !

M'MAN ! M'MAN !

9

M'MAN ! T'AS VU, J'AI GRANDI ! REGARDE MON PANTALON !

FIER

MAIS À QUOI TU JOUES, RUDY ? TU AS ENFILÉ MON SHORT ?!

21

FAUTE DÉFENSIVE !

PASSAGE EN FORCE !

PAF

BONG

TIRAGE DE MAILLOT !

GARGLE

QUATRIÈME FAUTE ! ENCORE UNE ET C'EST L'EXCLUSION !

SORTEZ !

TONY ! QU'EST-CE QUE TU...? TU ES DEVENU DINGUE ?!

PUF

MOI AUSSI, JE VEUX ÊTRE EXCLU !

C'EST PAS JUSTE !

LABOURRE, T'ES VRAIMENT UNE TACHE !

GYMNASE MUNICIPAL RICHARD DACOURY

À CAUSE DE TA FLEMME ET DE TA MAUVAISE CONDITION PHYSIQUE, ON S'EST ENCORE FAIT LAMINER LE WEEK-END DERNIER !

ALORS MOI, JE T'AI CONCOCTÉ UN PROGRAMME D'ENTRAÎNEMENT PERSONNALISÉ, MOI ! ÇA COMMENCE PAR DE L'ÉTIREMENT ET DE LA MISE EN JAMBES...

TU DEVRAIS Y ARRIVER.

KRÂK

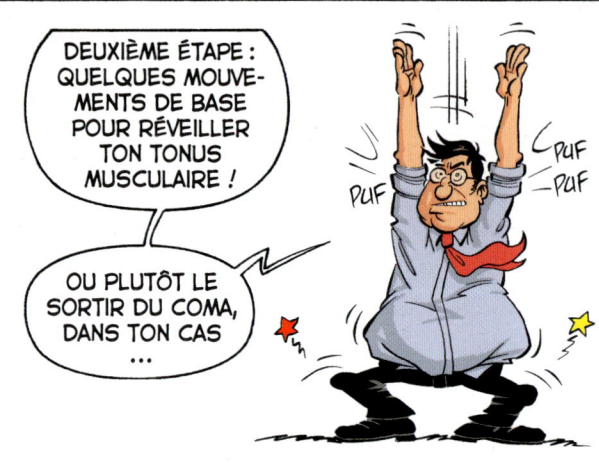

DEUXIÈME ÉTAPE : QUELQUES MOUVEMENTS DE BASE POUR RÉVEILLER TON TONUS MUSCULAIRE !

OU PLUTÔT LE SORTIR DU COMA, DANS TON CAS ...

PUF PUF PUF

ENSUITE, QUELQUES DIZAINES DE TOURS DE TERRAIN EN PETITES FOULÉES !

PETITES MAIS ÉNERGIQUES, HEIN !!

ET POUR FINIR, COMME JE NE PEUX PAS TE TUER PARCE QUE TU PEUX PEUT-ÊTRE ENCORE SERVIR, QUELQUES MINUTES DE RELAXATION...

PUF PUF

27

J'ESPÈRE QUE TOUT ÇA TE REDONNERA L'ENVIE DE TE SURPASSER !

EN TOUT CAS, IL EST MOTIVÉ, COACH. REGARDEZ, IL EST EN PLEIN DANS LA QUATRIÈME ÉTAPE.

RZZ RZZz ZZz

17

19

WOUAH ! SUPER, TON SERRE-TÊTE EN ÉPONGE, WIL ! C'EST DE L'ANGORA ?

ET LES BASKETS DE KILLER ! TU TE PRENDS POUR ALLEN IVERSON, MA PAROLE !

AH OUAIS, ALLEN... ON A LE MÊME FOURNISSEUR. C'EST DU MATOS DE PRO. J'EXIGE LE MEILLEUR.

SENS-MOI ÇA, FREDDIE. C'EST DE LA "HOT NRJ+". AVEC CETTE POMMADE, MES MUSCLES RESTENT TOUJOURS BIEN CHAUDS !

LE MATCH VA COMMENCER, LES GARS ! ALLEZ, CHACUN À SON POSTE !

TOI AUSSI, LABOURRE ! ET PLUS VITE QUE ÇA !

OK COACH, ON RESTE COOL...

OUAIS, VRAIMENT TOP, TON ÉQUIPEMENT... ILS FONT LES MÊMES POUR LES SPORTIFS ?!

GNARK GNARK

J'Y CROIS PAS ! UN BALLON "TONY PARCOEUR". J'VAIS DEVENIR UNE BÊTE AVEC ÇA !

T'AS RAISON. SI T'ES NUL, C'EST SÛREMENT À CAUSE DU BALLON...

LABOURRE SPORT

UH ?

?

WAH ! QU'EST-CE QU'IL LUI MET, LE JEFF, À TA SŒUR !

ÇA VENTOUSE À DONF !

SMOUTCH

Z'AVEZ VU COFFEE ? ELLE PREND DES COURS DE LANGUE ?

C'EST PLUS DE LA PELLE, C'EST DU TRACTOPELLE !

OUAIS, BON ÇA VA !

J'VOIS PAS CE QU'Y A DE MARRANT ! ELLE POURRAIT TOMBER ENCEINTE !!

EN EMBRASSANT UN GARÇON ?!

TOI, TU SAIS TOUJOURS PAS COMMENT ON FAIT LES BÉBÉS...

BIEN SÛR QUE SI... LES PETITES ABEILLES, LES FLEURS...

TOUT ÇA, QUOI.

7

MOUAIS, BON... IMAGINE QUE TON BALLON, C'EST JEFF...

ET LE PANIER, C'EST TA SŒUR.

C'EST PLUS CLAIR COMME ÇA ?

BOM

SHOK

KENNY, TOI QUI ES UN CERVICAL, TU POURRAIS PAS TROUVER UN MOYEN POUR QUE BOLDUC SOIT MOINS LENT ?

UN CHALLEN-GE ?

C'EST VRAI QU'IL EST TRÈS LENT... VERY SLOW. MAIS CHAQUE PROBLÈME A SA SOLUTION...

YOU KNOW.

IL FAUDRAIT PEUT-ÊTRE LE FAIRE JOUER SUR UN TERRAIN INCLINÉ ?... MAIS LES AUTRES PLAYERS AUSSI IRAIENT PLUS VITE.

DAMN'

ON LUI ACCROCHE UN GIANT ÉLASTIQUE DANS LE DOS ET ON FIXE L'AUTRE BOUT AU PANIER ADVERSE !

BRILLIANT.

ON POURRAIT METTRE UN PETIT MOTEUR À HÉLICE DANS SON SHORT... MAIS OÙ STOCKER LE FUEL ?... LE CARBURANT.

BAD. VERY BAD.

À MOINS DE LUI FAIRE CHAUSSER DES BASKETS BOUILLANTES ?!

IT MAY WORK.

34

MOI, JE SUIS LENT, MOI ?!!!

TAKE IT EASY, MAN !

PAS BÊTE... POUR FAIRE COURIR BOLDUC, IL FAUT L'INSULTER QUELQUES MINUTES AVANT LE MATCH.

LE TEMPS QUE L'INFO MONTE AU CERVEAU.

ET C'EST QUOI, CETTE HISTOIRE DE TERRAIN INCLINÉ ?!!!

PANT PANT

QUAND JE T'AI VUE SUR LE TERRAIN, MON CŒUR A FAIT PLUS DE BONDS QUE LE DERNIER BALLON SPALDINGUE X-TREME +...

BOM

TU M'OBSÈDES... ENCORE PLUS QUE LES NOUVELLES NAÏK AIR PUMP (CELLES EN ÈLASTOFLEX ACTIF).

SORTIR AVEC UNE CHAMPIONNE COMME TOI, J'EN RÊVE PLUS QUE TOUT. ET CROIS-MOI, J'EN AI DES DREAMS LÀ-DEDANS !

NE SOIS PAS CRUELLE, OWW BABY. TU SAIS QUE NOUS SOMMES FAITS L'UN POUR L'AUTRE !

WINK

NE ME REJETTE PAS ET ESSAIE D'ÉTEINDRE CES LÈVRES EN FEU...

ALLEZ ! GROUILLE-TOI DE CONCLURE, LABOURRE !...

32

DE TOUTE FAÇON, T'ES PAS À LA HAUTEUR.

TU VIENS M'AIDER ? C'EST LOURD, CES TRUCS-LÀ !

PAS AUTANT QUE CERTAINS ...

PLUM CAZ MO

PRÉPARE-TOI À RENTRER, RUDY ! TU VAS MARQUER LEUR MENEUR. IL A BEAUCOUP TROP DE LIBERTÉ À MON GOÛT...

OK, COACH !

NE ME DÉÇOIS PAS, GAMIN ! NE LE LÂCHE PAS !

ALLEZ RUDY !

HOP

GULP !

TOP

HOP

ZOP

POM

BEN, HEU ...?

SHLAK

44

PFFF ! 32 À 63... ENCORE UN MATCH DE PERDU.

QUELLE MISÈRE ! POURTANT RUDY A ÉTÉ MOINS NUL QUE D'HABITUDE...

D'AILLEURS, IL EST OÙ, ÇUI-LÀ ?

TU VAS ME LÂCHER LA GRAPPE, TOI, MAINTENANT ?!

11

BOM

3 POINTS ! BRAVO TATIANA !

À TOI, MARKUS.

SHLOK

HOP ! 3 POINTS POUR MAGIC MARKUS !

ALLEZ, RUDY. À TON TOUR...

BWAHAHA ! AIRBALL ! COMPLÈTEMENT LOUPÉ !

T'AS FAILLI TUER UNE TAUPE ! ARF ! ARF !

GNIII

16

MAIS NAN, ÇA, C'EST PARCE QUE J'ÉTAIS PAS CHAUD. Z'ALLEZ VOIR...

ET PAS DE COMMENTAIRES !

3 POINTS !

3 POINTS DE SUTURE !

URGEN

15

ET TOI WIL, C'EST QUOI QUI T'A DÉCIDÉ À JOUER AU BASKET ?

YO TOUM TOUM DJIM TOUM

JE VAIS VOUS EXPLIQUER !

C'EST PARCE QUE, QUAND JE DRIBBLE, ON DIRAIT QUE JE VAIS PRENDRE MON ENVOL...

ET SI ON TENTE DE ME PRENDRE LE BALLON, CLAC ! JE BLOQUE, ET C'EST À COUPS DE BEC QUE JE DÉFENDS MON BIEN...

PUIS J'ÉTENDS MES AILES POUR PLANER JUSQU'AU PANIER...

OÙ JE SHOOTE. HUMPF ! ET...

JE MARQUE !!

ENFIN... PRESQUE.

BOM

10

VOILÀ POURQUOI LE COACH DIT DE MOI QUE JE SUIS UN GOÉLAND !

NON WILFRIED, J'AI DIT QUE TU ÉTAIS *GROS* ET *LENT* !

HAHAHA

?

ARF ARF

J'AI CORRIGÉ VOS DEVOIRS DE MATHÉMATIQUES. CE N'EST PAS AUJOURD'HUI QUE LA MOYENNE GÉNÉRALE VA REMONTER !

BOLDUC, 6 SUR 20. C'EST BIEN MON GARÇON, IL Y A DU PROGRÈS !...

PAT PAT

MARKUS, 9 SUR 20. PEUT MIEUX FAIRE MAIS JE PARLE DANS LE VIDE...

TATIANA, 20 SUR 20, COMME D'HABITUDE. BRAVO !

ET ENFIN, RUDY ! C'EST CATASTROPHIQUE : 2 SUR 20 !

MAIS QU'EST-CE QU'ON VA FAIRE DE TOI, MON PAUVRE RUDY ?! TU ES ARCHINUL EN STATISTIQUES !

14

PFFF ! M'EN FOUS DES MATHS, MOI ! ÇA SERT À RIEN LES STATS POUR ÊTRE BASKETTEUR PROFESSIONNEL !

DOUCHES

O REBOND, O PASSE DÉCISIVE, O POINT MARQUÉ ! MAIS QU'EST-CE QU'ON VA FAIRE DE TOI, MON PAUVRE RUDY ?! TES STATISTIQUES SONT ARCHINULLES !

STATISTIQUES DU MATCH

	RB	PD	PTS
RUDY	O	O	O

JE TE PRÉVIENS, WILFRIED ! SI TU REVIENS AVEC UN TATOUAGE, JE TE FOUS À LA PORTE !

C'EST ÇA, C'EST ÇA !

T'AS PAS L'AIR DANS TON ASSIETTE, WIL...

C'EST MON VIEUX, IL SE CROIT ENCORE EN 1900.

LAISSE-MOI DEVINER. TOUJOURS TON HISTOIRE DE TATOU-AGE ?

OUAIS, IL NE CAPTE PAS MON STAÏLE. IL CROIT QU'LES TATTOOS, C'EST POUR LES GANGSTERS ET LES OREILLES DES CHIENS.

TOUS LES BASKETTEURS EN ONT ! ET LE BASKET, C'EST TOUT POUR MOI. JE VIS BASKET, JE M'HABILLE BASKET, JE PENSE BASKET...

TU METS DES BASKETS.

IN YOUR FACE, BABY !

22

SLAM

JE T'AVAIS PRÉVENU ! DEHORS !

MAIS, P'PA ! J'TE JURE ! C'EST PAS UN TATOUAGE !

L'ATTAQUE EN TRIANGLE !

PENSEZ À L'ATTAQUE EN TRIANGLE !

ALLEZ SPIDS

LABOURRE ! L'ATTAQUE EN TRIANGLE ! COMME À L'ENTRAÎNEMENT !!

C'EST POURTANT PAS COMPLIQUÉ COMME TRUC !... JE VAIS LE FAIRE EN PLUS GROS !

SCRITCH SCRITCH

LÀ ! L'ATTAQUE EN TRIANGLE ! MAINTENANT !

ON L'A RÉPÉTÉE 3 MILLIONS DE FOIS !

NON ! C'EST PAS ÇA DU TOUT ! COMME SUR LE PLAN !!

COMME SUR LE PLAN !!

GRMBBL DE GRMBBL DE GRMBBLE !

38

ET COMME ÇA ?! C'EST ASSEZ CLAIR, COMME ÇA ?!!

NOIR

HÉ LES GARS, VOUS RECONNAISSEZ CETTE PIÈCE DE MUSÉE ?

TU M'ÉTONNES ! C'EST LE MAILLOT DE JIM BILBA !

WAAAH !

ET LÀ, VOUS AVEZ VU AVEC QUI JE SUIS SUR LA PHOTO ?

J'SUIS VERT ! TONY PARCŒUR !

LE BOL QUE T'AS !

VOUS N'ALLEZ PAS LE CROIRE... VISEZ UN PEU LES AUTOGRAPHES DE MA COLLEC' !

SCOTTIE PIPPEN ?!! MAIS COMMENT TU FAIS POUR AVOIR TOUTES CES SIGNATURES ?

SCOTTIE PIPETTE ?

BIIIP

AH ! C'EST LA MI-TEMPS. REGARDEZ FAIRE LE PRO ! JE ME METS AUX AVANT-POSTES...

VAS-Y, DEMANDE À DENNIS ROCKMAN !

DENNIS ! DENNIS ! J'PEUX AVOIR UN AUTOGRAPHE ?

BOUL'S 91

BOUL'S 7

MAIS ?! C'EST QU'ELLE ME CALCULE PAS, LA STAR !

BOUL'S 91

12

VA FAIRE TA DIVA AILLEURS, ROCKMAN ! DANSEUSE ! ZOMBIE !

OH OH !

WAAH ! LA MAIN DE DENNIS ROCKMAN !

TROP COOL !

37

J'TE VOUS PÈTE UNE DE CES FORMES, MOI, AUJOURD'HUI !

J'VAIS DIRECT ATTAQUER PAR UNE VINGTAINE DE TOURS DE GYMNASE, TIENS !

HOLA ! J'AVAIS PROPOSÉ À COFFEE DE FAIRE UNE SÉRIE D'ABDOS AVEC ELLE !

AHH COFFEE...

MIAM

ET PUIS, NON ! JE VAIS PLUTÔT RESPECTER MON PROGRAMME ET TRAVAILLER MA DÉTENTE !

IMPORTANT ÇA, LA DÉTENTE.

MINCE ! J'AI AUSSI CE RECORD DE 1230 PANIERS À BATTRE !

FAILLI OUBLIER.

POUF POUF

FAUDRAIT QU'JE REVOIS MON PROGRAMME...

TROP CHARGÉ.

29

TRÈS FORT, CE LABOURRE. Y S'FATIGUE RIEN QU'EN PENSANT À C'QU'IL VOUDRAIT FAIRE.

RZZ RZZZ

FLBLLL

42

FREDDIE ! PASSE ! PASSE !

LÀ ! ICI !

HÉ ! HO !

MAIS C'EST IN-CROYABLE, ÇA !

HOP

AAH ! QUAND MÊME ! SYMPA DE ME FAIRE PARTICIPER !!

PFF

POM

GRR

43

C'EST QUOI, TON PRÉNOM ?

HEU... J'TE LE DÉDI-CACERAI PLUTÔT APRÈS LE MATCH.

BABY.

TROP FORTS ! VOUS AVEZ L'AIR ENCORE PLUS CRÂNEURS QUE D'HABITUDE.

VOUS AVEZ ENFIN RÉUSSI À MARQUER UN PANIER ?

SANS MONTER SUR UN ESCA- BEAU ?

TU AS DEVANT TOI LES FUTURS KINGS DU PARQUET ! ON CHANGE DE CATÉGORIE, BABY !

J'AI DÉGOTÉ UN NOUVEAU CENTRE D'ENTRAÎNEMENT.

ILS ONT DÉJÀ FORMÉ DES TAS DE CHAMPIONS.

ET ON SERA LES PROCHAINS.

EXPLOSIVITÉ ! AGILITÉ ! RAPIDITÉ ! ON VA DEVENIR DE VRAIES BÊTES !

BOÏNG

MOI, J'VAIS DE- MANDER À CE QU'ILS INSISTENT SUR MA DÉTENTE !

MOI, SUR MA PRÉ- CISION !

ET MOI, HEU... SUR... HEU...

PLOUM

STOMP

POF

BUNK

ALLEZ, ON FILE ! ON A RENDEZ- VOUS AVEC LA GLOIRE !!!

PASSEZ-LUI L'BONJOUR !

CRÉTINS.

ON VA DEVENIR DE VRAIES BÊTES, TU DISAIS...

39

ÉLEVEUR DE CHAMPIONS ADOLF GROUMPF

BEN... J'AI PEUT- ÊTRE MAL LU LE PROSPECTUS...

NON... TU CROIS ?!

PLUS VITE, DEVANT ! C'EST PAS COMME ÇA QUE VOUS DEVIENDREZ DES CHAMPIONS !

ON DIRAIT QUE L'ÉQUIPE ADVERSE A TROUVÉ TON POINT FAIBLE, FREDDIE !

37

43

BUM BUM BUM

BUM

POM

ZAK

LUCIE, QUAND TU SAURAS FAIRE ÇA, TU POURRAS INTÉGRER L'ÉQUIPE.

41

SMOUCHAA!!!

COFFEE, QUAND TU SAURAS FAIRE ÇA, TU POURRAS RÉINTÉGRER L'ÉQUIPE.

PLOUM

J'EN REVIENS PAS QUE LE VENDEUR M'AIT DONNÉ CETTE SILHOUETTE DE JOSS BLITZER !

OUAIS, BIZARRE !

TU LEUR AS POURTANT ACHETÉ QUE 28 PAIRES DE BASKETS CETTE ANNÉE...

LÈVE.

PLOUM

N'EMPÊCHE, C'EST LE MEILLEUR DÉFENSEUR DU CHAMPIONNAT. LE ROI DE L'INTERCEPTION...

PRONF

TU M'ÉTONNES, T'AS VU SES MAINS ? ON POURRAIT MÊME PAS LUI FAIRE DES GANTS DANS TON T-SHIRT !

VRAI.

OH!

JE VAIS LE METTRE DANS MA CHAMBRE. ÇA FERA TOP CLASSE !

VROo

HÉ COFFEE, ON EST RENTRÉS ! T'AS VU CE QUE J'AI EU GRATOS ? TU LE RECONNAIS ?!

33

BEN OUAIS, C'EST CET OBSÉDÉ DE JOSS BLITZER. IL PASSE EN BOUCLE AUX INFOS. IL A ÉTÉ ARRÊTÉ POUR COMPORTEMENT OBSCÈNE DANS LES TRANSPORTS EN COMMUN.

JE COMPRENDS PAS ! JE SUIS INNOCENT !

ÉCOUTE RUDY, FAUT ARRÊTER TES TRUCS DE ZOMBIES POUR BOOSTER TA DÉTENTE...

C'EST PAS EN JOUANT À LA CONSOLE OU EN LISANT DES BOUQUINS QUE TU VAS RÉUSSIR À TOUCHER L'ANNEAU UN JOUR !

EST-CE QUE JE LIS, MOI, HEIN ?...

LA VÉRITÉ, AUJOURD'HUI, C'EST QUE TU SAUTES AUSSI HAUT QU'UNE TAUPE AVEC DES POMPES EN PLOMB !

PITOYAB'

MAIS HEUREUSEMENT, T'AS AVEC TOI TON SUPER POTO MAGIC MARKUS ! AVEC MA MÉTHODE, TU VAS BONDIR COMME UN CABRI ÉPILEPTIQUE !

AH OUAIS ? COOL ! ET JE DOIS FAIRE QUOI ?!

FILE-MOI JUSTE TA GODASSE ET REGARDE...

40

?! KAÏ' SHTO

SNUF SNIF

GRR

AAAAH!...

WAF WAF WAF

GRR

DE QUOI TU TE PLAINS ? ÇA MARCHE, NON ?!

BEN+LAUREL

À découvrir aux éditions BAMBOO

LES PROFS - 7 tomes

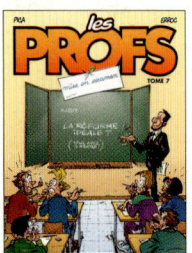

1 - INTERRO SURPRISE
2 - LOTO ET COLLES
3 - TOHU-BAHUT
4 - RENTRÉE DES ARTISTES
5 - CHUTE DES COURS
6 - CLASSE TOURISTE
7 - MISE EN EXAMEN

Pica & Erroc

LES GENDARMES - 7 tomes

1 - FLAGRANT DÉLIRE !
2 - PROCÈS VERT PÂLE !
3 - RADAR-DARE
4 - AMENDE HONORABLE !
5 - SOURIEZ, VOUS ÊTES FLASHÉS
6 - UN P.V. DANS LA MARE !
7 - COFFRÉ SURPRISE !

Jenfèvre, Sulpice & Cazenove

LES POMPIERS - 3 tomes

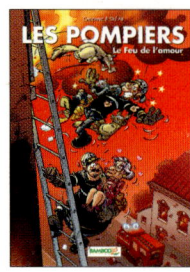

Tome 1 : DES GARS DES EAUX
Tome 2 : HOMMES AU FOYER
Tome 3 : LE FEU DE L'AMOUR

Stédo
Cazenove

LES FONCTIONNAIRES - 5 tomes

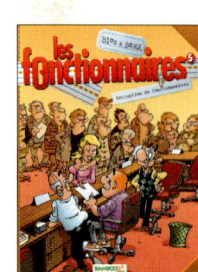

1 - MÉTRO, DODO, DODO...
2 - RÉDUCTION DU TEMPS DE TRAVAIL
3 - TRAVAIL À LA CHAÎNE...
4 - GRÈVE SANS PRÉAVIS
5 - CORRUPTION DE FONCTIONNAIRES

Bloz & Béka

LES TOUBIBS - 3 tomes

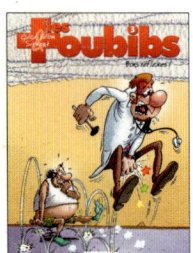

Tome 1 : C'EST GRAVE, DOCTEUR ?
Tome 2 : AU SUIVANT !
Tome 3 : BONS RÉFLEXES

Bélom
Gégé
Sirvent

LES MUSICOS - 2 tomes

Tome 1
Tome 2

Janvier
Jenfèvre
Erroc

LES COMMERCIAUX - 2 tomes

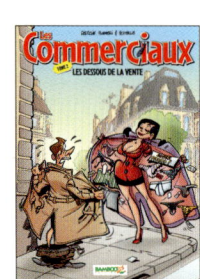

Tome 1 : FARCE DE VENTE
Tome 2 : LES DESSOUS DE LA VENTE

Radôche
Plumeri
Boitelle

L'AUTOÉCOLE - 2 tomes

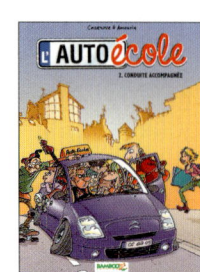

Tome 1 : PERMIS D'ÉCONDUIRE
Tome 2 : CONDUITE ACCOMPAGNÉE

Cazenove
Amouriq

LES RUGBYMEN

Tome 1 : ON VA LEUR METTRE LES POINGS SUR LES YEUX

Béka
Poupard

BASKET DUNK

Tome 1

Cazenove
Plumeri
Mauricet

LES FOOT MANIACS - 3 tomes

Tome 1
Tome 2
Tome 3

Jenfèvre
Sulpice
Jack
Béka

LES BABYFOOTS

BABYFOOTS

Bouchard
Pica

ON THE ROCK

HISTOIRES DE VTT

Jenfèvre
Sulpice

RAOUL ET FERNAND - 2 tomes

Tome 1 : LA FUREUR DE VIVRE !
Tome 2 : LE FRIGO DE L'ANGOISSE

Erroc

LES DAMNÉS DE LA ROUTE - 5 tomes

1 - ON ACHÈVE BIEN LES 2 CV
2 - L'HOMME QUI MURMURAIT À L'OREILLE DES 2 CV
3 - LES 2 CV SE CACHENT POUR MOURIR
4 - VOL AU DESSUS D'UN NID DE 2 CV
5 - SEA, SEX AND DEUCHE !

Achdé
Rodrigue
Richez

LES RIPOUPONS - 3 tomes

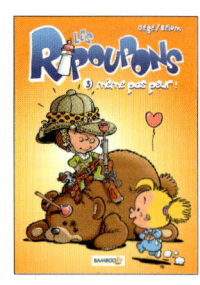

Tome 1 : TOUCHE PAS À MON DOUDOU
Tome 2 : ON REMET UNE COUCHE !
Tome 3 : MÊME PAS PEUR !

Gégé & Bélom

LOLA BOGOTA

Tome 1 : NOTRE DAME DE COLOMBIE

Brrémaud
Chanoinat
Reynès

ZONE 51

Tome 1 : ROSWELL ATTITUDE

Cazenove
Wozniak

LES BRUMES DU MIROBOLAND

Tome 1 : L'ÉLIXIR DE SILYCONN
Tome 2 : LE SECRET DE FÈNWIK

Escaich
Mermin

HERCULE - 2 tomes

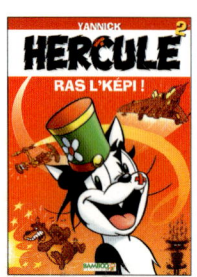

Tome 1 : BAZAR DE GRUMLOT !
Tome 2 : RAS L'KÉPI !

Yannick

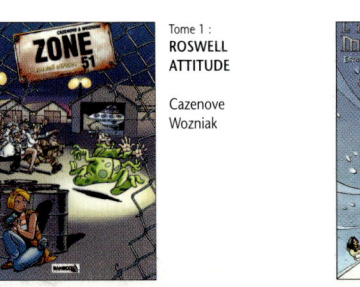